HAMSTER
PHOTO HERE

HAMSTER NAME:

_____

THIS JOURNAL BELONGS TO:

_____

HAMSTER CARE LOG

TODAY'S DATE: _____

FOOD: _____
_____
_____

CLEAN WATER: _____

HEALTH: _____
_____
_____

CLEANING: _____
_____
_____

TODAY MY HAMSTER IS:

☺   ☺   😐   ☹

OTHER NOTES

_____
_____
_____

HAMSTER CARE LOG

TODAY'S DATE: _____

FOOD: _____
_____

CLEAN WATER: _____
HEALTH: _____
_____

CLEANING: _____
_____

TODAY MY HAMSTER IS:

😃   🙂   😐   ☹️

OTHER NOTES

_____
_____
_____

HAMSTER CARE LOG

TODAY'S DATE: _____

FOOD: _____

_____

CLEAN WATER: _____

HEALTH: _____

_____

CLEANING: _____

_____

TODAY MY HAMSTER IS:

😀   ☺   😐   ☹

OTHER NOTES

_____

_____

HAMSTER CARE LOG

TODAY'S DATE: _____

FOOD: _____

_____

CLEAN WATER: _____

HEALTH: _____

_____

CLEANING: _____

_____

TODAY MY HAMSTER IS:

☺   ☺   😐   ☹

OTHER NOTES

_____

_____

_____

HAMSTER CARE LOG

TODAY'S DATE: _____

FOOD: _____
_____

CLEAN WATER: _____
HEALTH: _____
_____

CLEANING: _____
_____

TODAY MY HAMSTER IS:

😀   ☺   😐   ☹

OTHER NOTES

_____
_____

HAMSTER CARE LOG

TODAY'S DATE: _____

FOOD: _____
_____

CLEAN WATER: _____

HEALTH: _____
_____

CLEANING: _____
_____

TODAY MY HAMSTER IS:

| 😃 | ☺️ | 😐 | ☹️ |

OTHER NOTES

_____
_____
_____

HAMSTER CARE LOG

TODAY'S DATE: _____

FOOD: _____

_____

CLEAN WATER: _____

HEALTH: _____

_____

CLEANING: _____

_____

TODAY MY HAMSTER IS:

| 😃 | ☺️ | 😐 | ☹️ |

OTHER NOTES

_____

_____

_____

HAMSTER CARE LOG

TODAY'S DATE: _____

FOOD: _____
_____
_____

CLEAN WATER: _____

HEALTH: _____
_____
_____

CLEANING: _____
_____
_____

TODAY MY HAMSTER IS:

| 😃 | ☺️ | 😐 | ☹️ |

OTHER NOTES

_____
_____
_____

HAMSTER CARE LOG

TODAY'S DATE: _____

FOOD: _____

_____

CLEAN WATER: _____

HEALTH: _____

_____

CLEANING: _____

_____

TODAY MY HAMSTER IS:

| 😃 | ☺ | 😐 | ☹ |

OTHER NOTES

_____

_____

_____

HAMSTER CARE LOG

TODAY'S DATE: _____

FOOD: _____

_____

CLEAN WATER: _____

HEALTH: _____

_____

CLEANING: _____

_____

TODAY MY HAMSTER IS:

😀   ☺   😐   ☹

OTHER NOTES

_____

_____

_____

HAMSTER CARE LOG

TODAY'S DATE: _____

FOOD: _____
_____
_____

CLEAN WATER: _____

HEALTH: _____
_____
_____

CLEANING: _____
_____

TODAY MY HAMSTER IS:

☺ ☺ 😐 ☹

OTHER NOTES

_____
_____
_____

HAMSTER CARE LOG

TODAY'S DATE: _____

FOOD: _____

_____

CLEAN WATER: _____

HEALTH: _____

_____

CLEANING: _____

_____

TODAY MY HAMSTER IS:

| 😃 | ☺️ | 😐 | ☹️ |

OTHER NOTES

_____

_____

_____

HAMSTER CARE LOG

TODAY'S DATE: _____

FOOD: _____

_____

CLEAN WATER: _____

HEALTH: _____

_____

CLEANING: _____

_____

TODAY MY HAMSTER IS:

☺ ☺ 😐 ☹

OTHER NOTES

_____

_____

_____

HAMSTER CARE LOG

TODAY'S DATE: _____

FOOD: _____

_____

CLEAN WATER: _____

HEALTH: _____

_____

CLEANING: _____

_____

TODAY MY HAMSTER IS:

| 😀 | ☺️ | 😐 | ☹️ |

OTHER NOTES

_____

_____

_____

HAMSTER CARE LOG

TODAY'S DATE: _____

FOOD: _____
_____

CLEAN WATER: _____
HEALTH: _____
_____

CLEANING: _____
_____

TODAY MY HAMSTER IS:

😃   ☺   😐   ☹

OTHER NOTES

_____
_____
_____

HAMSTER CARE LOG

TODAY'S DATE: _____

FOOD: _____

_____

CLEAN WATER: _____

HEALTH: _____

_____

CLEANING: _____

_____

TODAY MY HAMSTER IS:

😀　　😊　　😐　　☹️

OTHER NOTES

_____

_____

HAMSTER CARE LOG

TODAY'S DATE: _____

FOOD: _____
_____
_____

CLEAN WATER: _____
HEALTH: _____
_____
_____

CLEANING: _____
_____
_____

TODAY MY HAMSTER IS:

😀   ☺   😐   ☹

OTHER NOTES

_____
_____

HAMSTER CARE LOG

TODAY'S DATE: _____

FOOD: _____

_____

CLEAN WATER: _____

HEALTH: _____

_____

CLEANING: _____

_____

TODAY MY HAMSTER IS:

☺ ☺ 😐 ☹

OTHER NOTES

_____

_____

_____

HAMSTER CARE LOG

TODAY'S DATE: _____

FOOD: _____
_____

CLEAN WATER: _____

HEALTH: _____
_____

CLEANING: _____
_____

TODAY MY HAMSTER IS:

😀　　☺　　😐　　🙁

OTHER NOTES

_____
_____
_____

HAMSTER CARE LOG

TODAY'S DATE: _____

FOOD: _____
_____

CLEAN WATER: _____

HEALTH: _____
_____

CLEANING: _____
_____

TODAY MY HAMSTER IS:

😀　　😊　　😐　　☹️

OTHER NOTES

_____
_____
_____

HAMSTER CARE LOG

TODAY'S DATE: _____

FOOD: _____

_____

CLEAN WATER: _____

HEALTH: _____

_____

CLEANING: _____

_____

TODAY MY HAMSTER IS:

😀 ☺ 😐 ☹

OTHER NOTES

_____

_____

HAMSTER CARE LOG

TODAY'S DATE: _____

FOOD: _____

_____

CLEAN WATER: _____

HEALTH: _____

_____

CLEANING: _____

_____

TODAY MY HAMSTER IS:

☺ ☺ 😐 ☹

OTHER NOTES

_____

_____

_____

HAMSTER CARE LOG

TODAY'S DATE: _____

FOOD: _____

_____

CLEAN WATER: _____

HEALTH: _____

_____

CLEANING: _____

_____

TODAY MY HAMSTER IS:

| 😀 | ☺ | 😐 | ☹ |

OTHER NOTES

_____

_____

HAMSTER CARE LOG

TODAY'S DATE: _____

FOOD: _____

_____

CLEAN WATER: _____

HEALTH: _____

_____

CLEANING: _____

_____

TODAY MY HAMSTER IS:

😀 ☺️ 😐 ☹️

OTHER NOTES

_____

_____

_____

HAMSTER CARE LOG

TODAY'S DATE: _____

FOOD: _____

_____

CLEAN WATER: _____

HEALTH: _____

_____

CLEANING: _____

_____

TODAY MY HAMSTER IS:

☺   ☺   😐   ☹

OTHER NOTES

_____

_____

_____

HAMSTER CARE LOG

TODAY'S DATE: _____

FOOD: _____

_____

CLEAN WATER: _____

HEALTH: _____

_____

CLEANING: _____

_____

TODAY MY HAMSTER IS:

| 😃 | ☺️ | 😐 | ☹️ |

OTHER NOTES

_____

_____

_____

HAMSTER CARE LOG

TODAY'S DATE: _____

FOOD: _____
_____

CLEAN WATER: _____

HEALTH: _____
_____

CLEANING: _____
_____

TODAY MY HAMSTER IS:

😀   ☺   😐   ☹

OTHER NOTES

_____
_____
_____

HAMSTER CARE LOG

TODAY'S DATE: _____

FOOD: _____

_____

CLEAN WATER: _____

HEALTH: _____

_____

CLEANING: _____

_____

TODAY MY HAMSTER IS:

☺ ☺ 😐 ☹

OTHER NOTES

_____

_____

_____

HAMSTER CARE LOG

TODAY'S DATE: _____

FOOD: _____

_____

CLEAN WATER: _____

HEALTH: _____

_____

CLEANING: _____

_____

TODAY MY HAMSTER IS:

☺   ☺   😐   ☹

OTHER NOTES

_____

_____

HAMSTER CARE LOG

TODAY'S DATE: _____

FOOD: _____
_____

CLEAN WATER: _____

HEALTH: _____
_____

CLEANING: _____
_____

TODAY MY HAMSTER IS:

| 😀 | ☺ | 😐 | ☹ |

OTHER NOTES

_____
_____
_____

HAMSTER CARE LOG

TODAY'S DATE: _____

FOOD: _____
_____

CLEAN WATER: _____

HEALTH: _____
_____

CLEANING: _____
_____

TODAY MY HAMSTER IS:

😀　　😊　　😐　　☹️

OTHER NOTES

_____
_____
_____

HAMSTER CARE LOG

TODAY'S DATE: _____

FOOD: _____

_____

CLEAN WATER: _____

HEALTH: _____

_____

CLEANING: _____

_____

TODAY MY HAMSTER IS:

😃　　😊　　😐　　☹

OTHER NOTES

_____

_____

HAMSTER CARE LOG

TODAY'S DATE: _____

FOOD: _____
_____

CLEAN WATER: _____

HEALTH: _____
_____

CLEANING: _____
_____

TODAY MY HAMSTER IS:

😃　　😊　　😐　　☹️

OTHER NOTES

_____
_____
_____

HAMSTER CARE LOG

TODAY'S DATE: _____

FOOD: _____

_____

CLEAN WATER: _____

HEALTH: _____

_____

CLEANING: _____

_____

TODAY MY HAMSTER IS:

😃 ☺️ 😐 ☹️

OTHER NOTES

_____

_____

HAMSTER CARE LOG

TODAY'S DATE: _____

FOOD: _____
_____

CLEAN WATER: _____

HEALTH: _____
_____

CLEANING: _____
_____

TODAY MY HAMSTER IS:

☺ ☺ ☺ ☹

OTHER NOTES

_____
_____

HAMSTER CARE LOG

TODAY'S DATE: _____

FOOD: _____

_____

CLEAN WATER: _____

HEALTH: _____

_____

CLEANING: _____

_____

TODAY MY HAMSTER IS:

☺ ☺ 😐 ☹

OTHER NOTES

_____

_____

_____

HAMSTER CARE LOG

TODAY'S DATE: _____

FOOD: _____

_____

CLEAN WATER: _____

HEALTH: _____

_____

CLEANING: _____

_____

TODAY MY HAMSTER IS:

😀   ☺   😐   ☹

OTHER NOTES

_____

_____

_____

HAMSTER CARE LOG

TODAY'S DATE: _____

FOOD: _____

_____

CLEAN WATER: _____

HEALTH: _____

_____

CLEANING: _____

_____

TODAY MY HAMSTER IS:

😃   ☺️   😐   🙁

OTHER NOTES

_____

_____

HAMSTER CARE LOG

TODAY'S DATE: _____

FOOD: _____
_____

CLEAN WATER: _____
HEALTH: _____
_____

CLEANING: _____
_____

TODAY MY HAMSTER IS:

☺ ☺ 😐 ☹

OTHER NOTES

_____
_____

HAMSTER CARE LOG

TODAY'S DATE: _____

FOOD: _____

_____

CLEAN WATER: _____

HEALTH: _____

_____

CLEANING: _____

_____

TODAY MY HAMSTER IS:

😀   ☺   😐   ☹

OTHER NOTES

_____

_____

_____

HAMSTER CARE LOG

TODAY'S DATE: _____

FOOD: _____
_____

CLEAN WATER: _____

HEALTH: _____
_____
_____

CLEANING: _____
_____
_____

TODAY MY HAMSTER IS:

☺ ☺ ☺ ☹

OTHER NOTES

_____
_____
_____

HAMSTER CARE LOG

TODAY'S DATE: _____

FOOD: _____

_____

CLEAN WATER: _____

HEALTH: _____

_____

CLEANING: _____

_____

TODAY MY HAMSTER IS:

☺ ☺ 😐 ☹

OTHER NOTES

_____

_____

_____

HAMSTER CARE LOG

TODAY'S DATE: _____

FOOD: _____

_____

CLEAN WATER: _____

HEALTH: _____

_____

CLEANING: _____

_____

TODAY MY HAMSTER IS:

😃   ☺   😐   ☹

OTHER NOTES

_____

_____

_____

HAMSTER CARE LOG

TODAY'S DATE: _____

FOOD: _____
_____

CLEAN WATER: _____

HEALTH: _____
_____

CLEANING: _____
_____

TODAY MY HAMSTER IS:

😀 ☺ 😐 ☹

OTHER NOTES

_____
_____
_____

HAMSTER CARE LOG

TODAY'S DATE: _____

FOOD: _____

_____

CLEAN WATER: _____

HEALTH: _____

_____

CLEANING: _____

_____

TODAY MY HAMSTER IS:

😀   ☺   😐   ☹

OTHER NOTES

_____

_____

HAMSTER CARE LOG

TODAY'S DATE: _____

FOOD: _____

_____

CLEAN WATER: _____

HEALTH: _____

_____

CLEANING: _____

_____

TODAY MY HAMSTER IS:

| 😃 | ☺️ | 😐 | ☹️ |

OTHER NOTES

_____

_____

_____

HAMSTER CARE LOG

TODAY'S DATE: _____

FOOD: _____

_____

CLEAN WATER: _____

HEALTH: _____

_____

CLEANING: _____

_____

TODAY MY HAMSTER IS:

😃   ☺   😐   ☹

OTHER NOTES

_____

_____

_____

HAMSTER CARE LOG

TODAY'S DATE: _____

FOOD: _____
_____
_____

CLEAN WATER: _____

HEALTH: _____
_____
_____

CLEANING: _____
_____
_____

TODAY MY HAMSTER IS:

😀   ☺️   😐   ☹️

OTHER NOTES

_____
_____
_____

HAMSTER CARE LOG

TODAY'S DATE: _____

FOOD: _____

_____

CLEAN WATER: _____

HEALTH: _____

_____

CLEANING: _____

_____

TODAY MY HAMSTER IS:

☺ ☺ 😐 ☹

OTHER NOTES

_____

_____

_____

HAMSTER CARE LOG

TODAY'S DATE: _____

FOOD: _____

_____

CLEAN WATER: _____

HEALTH: _____

_____

CLEANING: _____

_____

TODAY MY HAMSTER IS:

😀 🙂 😐 🙁

OTHER NOTES

_____

_____

_____

HAMSTER CARE LOG

TODAY'S DATE: _____

FOOD: _____

_____

CLEAN WATER: _____

HEALTH: _____

_____

CLEANING: _____

_____

TODAY MY HAMSTER IS:

☺   ☺   😐   ☹

OTHER NOTES

_____

_____

HAMSTER CARE LOG

TODAY'S DATE: _____

FOOD: _____

_____

CLEAN WATER: _____

HEALTH: _____

_____

CLEANING: _____

_____

TODAY MY HAMSTER IS:

☺ ☺ 😐 ☹

OTHER NOTES

_____

_____

_____

HAMSTER CARE LOG

TODAY'S DATE: _____

FOOD: _____

_____

CLEAN WATER: _____

HEALTH: _____

_____

CLEANING: _____

_____

TODAY MY HAMSTER IS:

😃　　😊　　😐　　☹

OTHER NOTES

_____

_____

HAMSTER CARE LOG

TODAY'S DATE: _____

FOOD: _____
_____

CLEAN WATER: _____

HEALTH: _____
_____

CLEANING: _____
_____

TODAY MY HAMSTER IS:

| 😀 | ☺️ | 😐 | ☹️ |

OTHER NOTES

_____
_____
_____

HAMSTER CARE LOG

TODAY'S DATE: _____

FOOD: _____

_____

CLEAN WATER: _____

HEALTH: _____

_____

CLEANING: _____

_____

TODAY MY HAMSTER IS:

😀   ☺   😐   ☹

OTHER NOTES

_____

_____

_____

HAMSTER CARE LOG

TODAY'S DATE: _____

FOOD: _____

_____

CLEAN WATER: _____

HEALTH: _____

_____

CLEANING: _____

_____

TODAY MY HAMSTER IS:

😀 ☺ 😐 ☹

OTHER NOTES

_____

_____

_____

HAMSTER CARE LOG

TODAY'S DATE: _____

FOOD: _____

_____

CLEAN WATER: _____

HEALTH: _____

_____

CLEANING: _____

_____

TODAY MY HAMSTER IS:

😃   🙂   😐   🙁

OTHER NOTES

_____

_____

HAMSTER CARE LOG

TODAY'S DATE: _____

FOOD: _____

_____

CLEAN WATER: _____

HEALTH: _____

_____

CLEANING: _____

_____

TODAY MY HAMSTER IS:

😀   ☺   😐   ☹

OTHER NOTES

_____

_____

_____

HAMSTER CARE LOG

TODAY'S DATE: _____

FOOD: _____

_____

CLEAN WATER: _____

HEALTH: _____

_____

CLEANING: _____

_____

TODAY MY HAMSTER IS:

☺ ☺ 😐 ☹

OTHER NOTES

_____

_____

_____

HAMSTER CARE LOG

TODAY'S DATE: _____

FOOD: _____

_____

CLEAN WATER: _____

HEALTH: _____

_____

_____

CLEANING: _____

_____

TODAY MY HAMSTER IS:

😃　　😊　　😐　　☹️

OTHER NOTES

_____

_____

_____

HAMSTER CARE LOG

TODAY'S DATE: _____

FOOD: _____

_____

CLEAN WATER: _____

HEALTH: _____

_____

CLEANING: _____

_____

TODAY MY HAMSTER IS:

😃   ☺   😐   ☹

OTHER NOTES

_____

_____

_____

HAMSTER CARE LOG

TODAY'S DATE: _____

FOOD: _____
_____

CLEAN WATER: _____

HEALTH: _____
_____

CLEANING: _____
_____

TODAY MY HAMSTER IS:

😀   ☺   😐   ☹

OTHER NOTES

_____
_____
_____

HAMSTER CARE LOG

TODAY'S DATE: _____

FOOD: _____
_____

CLEAN WATER: _____
HEALTH: _____
_____

CLEANING: _____
_____

TODAY MY HAMSTER IS:

😃   🙂   😐   🙁

OTHER NOTES

_____
_____

HAMSTER CARE LOG

TODAY'S DATE: _____

FOOD: _____

_____

CLEAN WATER: _____

HEALTH: _____

_____

CLEANING: _____

_____

TODAY MY HAMSTER IS:

😃   ☺   😐   ☹

OTHER NOTES

_____

_____

_____

HAMSTER CARE LOG

TODAY'S DATE: _____

FOOD: _____

_____

CLEAN WATER: _____

HEALTH: _____

_____

CLEANING: _____

_____

TODAY MY HAMSTER IS:

😃   ☺   😐   ☹

OTHER NOTES

_____

_____

HAMSTER CARE LOG

TODAY'S DATE: _____

FOOD: _____

_____

CLEAN WATER: _____

HEALTH: _____

_____

CLEANING: _____

_____

TODAY MY HAMSTER IS:

☺   ☺   😐   ☹

OTHER NOTES

_____

_____

_____

HAMSTER CARE LOG

TODAY'S DATE: _____
FOOD: _____
_____

CLEAN WATER: _____
HEALTH: _____
_____

CLEANING: _____
_____

TODAY MY HAMSTER IS:

😀   ☺   😐   ☹

OTHER NOTES

_____
_____
_____

HAMSTER CARE LOG

TODAY'S DATE: _____

FOOD: _____

_____

CLEAN WATER: _____

HEALTH: _____

_____

CLEANING: _____

_____

TODAY MY HAMSTER IS:

😃　　😊　　😐　　☹️

OTHER NOTES

_____

_____

_____

HAMSTER CARE LOG

TODAY'S DATE: _____

FOOD: _____

_____

CLEAN WATER: _____

HEALTH: _____

_____

CLEANING: _____

_____

TODAY MY HAMSTER IS:

😀   ☺   😐   ☹

OTHER NOTES

_____

_____

HAMSTER CARE LOG

TODAY'S DATE: _____

FOOD: _____
_____

CLEAN WATER: _____

HEALTH: _____
_____

CLEANING: _____
_____

TODAY MY HAMSTER IS:

☺   ☺   😐   ☹

OTHER NOTES

_____
_____
_____

HAMSTER CARE LOG

TODAY'S DATE: _____

FOOD: _____
_____

CLEAN WATER: _____

HEALTH: _____
_____

CLEANING: _____
_____

TODAY MY HAMSTER IS:

😃   ☺   😐   ☹

OTHER NOTES

_____
_____

HAMSTER CARE LOG

TODAY'S DATE: _____

FOOD: _____
_____

CLEAN WATER: _____
HEALTH: _____
_____

CLEANING: _____
_____

TODAY MY HAMSTER IS:

☺   ☺   😐   ☹

OTHER NOTES

_____
_____
_____

HAMSTER CARE LOG

TODAY'S DATE: _____

FOOD: _____
_____

CLEAN WATER: _____

HEALTH: _____
_____

CLEANING: _____
_____

TODAY MY HAMSTER IS:

| 😀 | ☺ | 😐 | ☹ |

OTHER NOTES

_____
_____
_____

HAMSTER CARE LOG

TODAY'S DATE: _____

FOOD: _____
_____

CLEAN WATER: _____

HEALTH: _____
_____

CLEANING: _____
_____

TODAY MY HAMSTER IS:

😃   ☺   😐   ☹

OTHER NOTES

_____
_____
_____

HAMSTER CARE LOG

TODAY'S DATE: _____

FOOD: _____
_____

CLEAN WATER: _____
HEALTH: _____
_____

CLEANING: _____
_____

TODAY MY HAMSTER IS:

😃   ☺️   😐   ☹️

OTHER NOTES

_____
_____

HAMSTER CARE LOG

TODAY'S DATE: _____

FOOD: _____
_____

CLEAN WATER: _____

HEALTH: _____
_____

CLEANING: _____
_____

TODAY MY HAMSTER IS:

| 😀 | ☺ | 😐 | ☹ |

OTHER NOTES

_____
_____
_____

HAMSTER CARE LOG

TODAY'S DATE: _____

FOOD: _____

_____

CLEAN WATER: _____

HEALTH: _____

_____

CLEANING: _____

_____

TODAY MY HAMSTER IS:

😀   ☺   😐   ☹

OTHER NOTES

_____

_____

HAMSTER CARE LOG

TODAY'S DATE: _____

FOOD: _____

_____

CLEAN WATER: _____

HEALTH: _____

_____

CLEANING: _____

_____

TODAY MY HAMSTER IS:

😃   ☺   😐   ☹

OTHER NOTES

_____

_____

_____

HAMSTER CARE LOG

TODAY'S DATE: _____

FOOD: _____

_____

CLEAN WATER: _____

HEALTH: _____

_____

CLEANING: _____

_____

TODAY MY HAMSTER IS:

😃 ☺ 😐 ☹

OTHER NOTES

_____

_____

_____

HAMSTER CARE LOG

TODAY'S DATE: _____

FOOD: _____

_____

CLEAN WATER: _____

HEALTH: _____

_____

CLEANING: _____

_____

TODAY MY HAMSTER IS:

| 😃 | ☺ | 😐 | ☹ |

OTHER NOTES

_____

_____

_____

HAMSTER CARE LOG

TODAY'S DATE: _____

FOOD: _____

_____

CLEAN WATER: _____

HEALTH: _____

_____

CLEANING: _____

_____

TODAY MY HAMSTER IS:

😀　　　🙂　　　😐　　　🙁

OTHER NOTES

_____

_____

HAMSTER CARE LOG

TODAY'S DATE: _____

FOOD: _____

_____

CLEAN WATER: _____

HEALTH: _____

_____

CLEANING: _____

_____

TODAY MY HAMSTER IS:

| 😃 | ☺️ | 😐 | ☹️ |

OTHER NOTES

_____

_____

_____

HAMSTER CARE LOG

TODAY'S DATE: _____

FOOD: _____

_____

CLEAN WATER: _____

HEALTH: _____

_____

CLEANING: _____

_____

TODAY MY HAMSTER IS:

☺   ☺   😐   ☹

OTHER NOTES

_____

_____

HAMSTER CARE LOG

TODAY'S DATE: _____

FOOD: _____

_____

CLEAN WATER: _____

HEALTH: _____

_____

CLEANING: _____

_____

TODAY MY HAMSTER IS:

😃　　　🙂　　　😐　　　🙁

OTHER NOTES

_____

_____

_____

HAMSTER CARE LOG

TODAY'S DATE: _____

FOOD: _____
_____

CLEAN WATER: _____
HEALTH: _____
_____

CLEANING: _____
_____

TODAY MY HAMSTER IS:

☺   ☺   😐   ☹

OTHER NOTES

_____
_____
_____

HAMSTER CARE LOG

TODAY'S DATE: _____

FOOD: _____
_____

CLEAN WATER: _____

HEALTH: _____
_____

CLEANING: _____
_____

TODAY MY HAMSTER IS:

😀　　　🙂　　　😐　　　🙁

OTHER NOTES

_____
_____
_____

HAMSTER CARE LOG

TODAY'S DATE: _____

FOOD: _____
_____
_____

CLEAN WATER: _____

HEALTH: _____
_____
_____

CLEANING: _____
_____

TODAY MY HAMSTER IS:

😀   🙂   😐   🙁

OTHER NOTES

_____
_____

HAMSTER CARE LOG

TODAY'S DATE: _____

FOOD: _____

_____

CLEAN WATER: _____

HEALTH: _____

_____

CLEANING: _____

_____

TODAY MY HAMSTER IS:

😀   ☺   😐   ☹

OTHER NOTES

_____

_____

_____

HAMSTER CARE LOG

TODAY'S DATE: _____

FOOD: _____

_____

CLEAN WATER: _____

HEALTH: _____

_____

CLEANING: _____

_____

TODAY MY HAMSTER IS:

😀 ☺ 😐 ☹

OTHER NOTES

_____

_____

_____

HAMSTER CARE LOG

TODAY'S DATE: _____

FOOD: _____
_____

CLEAN WATER: _____

HEALTH: _____
_____

CLEANING: _____
_____

TODAY MY HAMSTER IS:

😃 ☺ 😐 ☹

OTHER NOTES

_____
_____
_____

HAMSTER CARE LOG

TODAY'S DATE: _____
FOOD: _____
_____

CLEAN WATER: _____
HEALTH: _____
_____

CLEANING: _____
_____

TODAY MY HAMSTER IS:

😀   ☺   😐   ☹

OTHER NOTES

_____
_____
_____

HAMSTER CARE LOG

TODAY'S DATE: _____

FOOD: _____

_____

CLEAN WATER: _____

HEALTH: _____

_____

CLEANING: _____

_____

TODAY MY HAMSTER IS:

☺ ☺ 😐 ☹

OTHER NOTES

_____

_____

_____

HAMSTER CARE LOG

TODAY'S DATE: _____

FOOD: _____
_____

CLEAN WATER: _____

HEALTH: _____
_____

CLEANING: _____
_____

TODAY MY HAMSTER IS:

| 😀 | 🙂 | 😐 | ☹️ |

OTHER NOTES

_____
_____

HAMSTER CARE LOG

TODAY'S DATE: _____

FOOD: _____

_____

CLEAN WATER: _____

HEALTH: _____

_____

CLEANING: _____

_____

TODAY MY HAMSTER IS:

😀   ☺   😐   ☹

OTHER NOTES

_____

_____

HAMSTER CARE LOG

TODAY'S DATE: _____

FOOD: _____
_____

CLEAN WATER: _____

HEALTH: _____
_____

CLEANING: _____
_____

TODAY MY HAMSTER IS:

| 😀 | ☺ | 😐 | ☹ |

OTHER NOTES

_____
_____

HAMSTER CARE LOG

TODAY'S DATE: _____

FOOD: _____

_____

CLEAN WATER: _____

HEALTH: _____

_____

CLEANING: _____

_____

TODAY MY HAMSTER IS:

😀　　😊　　😐　　☹️

OTHER NOTES

_____

_____

_____

HAMSTER CARE LOG

TODAY'S DATE: _____

FOOD: _____
_____

CLEAN WATER: _____
HEALTH: _____
_____

CLEANING: _____
_____

TODAY MY HAMSTER IS:

😃   ☺   😐   ☹

OTHER NOTES

_____
_____
_____

HAMSTER CARE LOG

TODAY'S DATE: _____

FOOD: _____

_____

CLEAN WATER: _____

HEALTH: _____

_____

CLEANING: _____

_____

TODAY MY HAMSTER IS:

😀   ☺   😐   ☹

OTHER NOTES

_____

_____

_____

HAMSTER CARE LOG

TODAY'S DATE: _____

FOOD: _____
_____

CLEAN WATER: _____

HEALTH: _____
_____

CLEANING: _____
_____

TODAY MY HAMSTER IS:

😀 ☺ 😐 ☹

OTHER NOTES

_____

_____

HAMSTER CARE LOG

TODAY'S DATE: _____

FOOD: _____

_____

CLEAN WATER: _____

HEALTH: _____

_____

CLEANING: _____

_____

TODAY MY HAMSTER IS:

| 😃 | ☺️ | 😐 | ☹️ |

OTHER NOTES

_____

_____

Printed in Great Britain
by Amazon